Le vin blanc

André Dominé

Le vin blanc

Photographie
Armin Faber
Thomas Pothmann

Feierabend

Mommsenstr. 43
D-10629 Berlin

Coordination de projet : Bettina Freeman, Cologne
Traduction de l'allemand : Florence Tenenbaum, Paris
Lectorat spécialisé : Cécile Carrion, Cologne
Layout : Roman Bold & Black, Cologne
Design : Sonja Loy, Cologne
Lithographie : Kölnermedienfabrik, Cologne
Impression : Christians Druckerei GmbH & Co. KG, Hamburg

Printed in Germany

ISBN 3-936761-64-7
62-04002-1

Sommaire

France
Domaine Laroche
Chablis Grand Cru
Réserve de l'Obédience
1997
Goisot
Bourgogne Aligoté
Clos Floridene
Graves
Appellation Graves Contrôlée
1998
Meursault-Genevrières
Domaine des Comtes Lafon
Altenberg
Grand Vin 1996
Bergheim
Grenache
vieilles vignes
1998
Vin de Pays des Côtes Catalanes
Muscadet Sèvre et Maine sur Lie
Comte de Saint-Hubert
Clos de la Coulée de Serrant
1997
Condrieu
Allemagne
Georg Breuer
1993
Rüdesheim
Berg Schlossberg
Rheingau
Rheingau
Schloss Johannisberger
Reinhold Haart
Riesling
Weingut Toni Jost
Hahnenhof
Mittelrhein
1997er
Bacharacher Hahn
Riesling Spätlese
trocken
750 ml
Mosel · Saar · Ruwer
Dr. F. Weins-Prüm
1997
Wehlener Sonnenuhr
Riesling Spätlese
Wittmann
1997
Westhofener Aulerde
Chardonnay
Trocken
Weingut Wittmann
Rheinhessen
Dönnhoff
Oberhäuser Brücke
Riesling Eiswein
1997
Nahe
750 ml e
Weingut
Müller-Catoir
seit 1744
1998er Gimmeldinger Schlössel
Rieslaner Trockenbeerenauslese
375 ml e
Bereich Ortenau
1997er
Durbacher Schloß Staufenberg
Klingelberger (Riesling)
Kabinett Trocken
Qualitätswein mit Prädikat
0,75 l
Baden
1997er Sasbachwaldener
Alde Gott
Riesling
Kabinett · trocken
0,75 l
11,5% vol
Koehler-Ruprecht
1998 Kallstadter Saumagen
Riesling Auslese trocken
750 ml
Fürst
Parzival
1997
Graf Adelmann
Brüssele
1997
Kleinbottwarer Süssmund Riesling Spätlese trocken
Württemberg
Italie
Ca'del Bosco
Ronco del Gnemiz
colli orientali del Friuli
Pinot Grigio
1996
Gavi di Gavi
Villa Sparina
1999
Colli di Luni
Vermentino
1998
La Colombiera
Italia
Roero Arneis
1996
San Michele
Deltetto
Italia
Suisse
Riesling Sylvaner
Perdrix Blanche
Neuchâtel
Appellation d'origine contrôlée
Coup d'œ
Espagne
Enate
Chardonnay
Somontano
Rueda Superior
Viña Mocén
Albariño
Rias Baixas
Martín Códax
Albariño
1999
Rías Baixas
1997
Paço de Teixeiró
Vinho Verde

stralie

USA

Nouvelle-Zélande

Argentine

Chili

ur le monde des vins blancs

es étiquettes des vins ne constient-elles pas des sortes de carte identité ? Chacune d'entre elles vise-t-elle pas à souligner la sinlarité de celui qui la porte ? Mais réalité, que nous révèle-t-elle à opos du vin qui se cache derrière e ? Une étiquette voyante promete un vin à son image ? Que signie cette illustration montrant une ve poussiéreuse ? Et cette prétation sobre, nous réserve-t-elle e boisson sans alcool ? Heureument pour tous les amateurs de n vin, le goût des viticulteurs et lui de leur production ne se resmblent pas toujours.

Autriche

Hongrie

Afrique du Sud

Le nez est indispensable. Tant au-dessus du verre que dedans : grâce à notre nez, nous pouvons profiter des arômes extraordinairement complexes contenus dans le vin.

DÉLICE

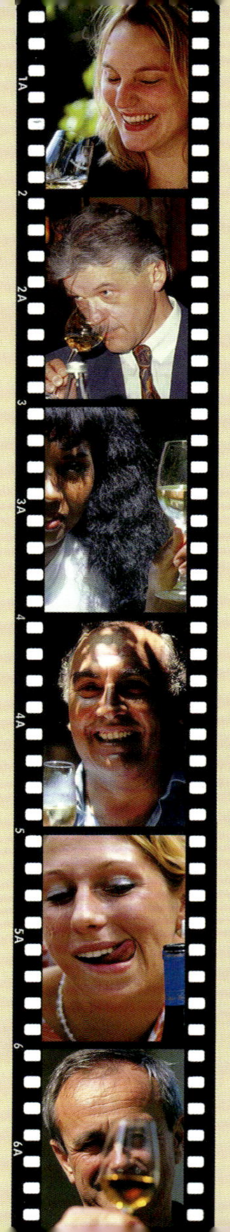

Les vins blancs séduisent grâce à une profusion d'arômes qui évoquent les fleurs et les herbes, les fruits et les épices fine Laissez-vous su prendre et parfo même éblouir. Délectez-vous en apprenant à déguster le vin !

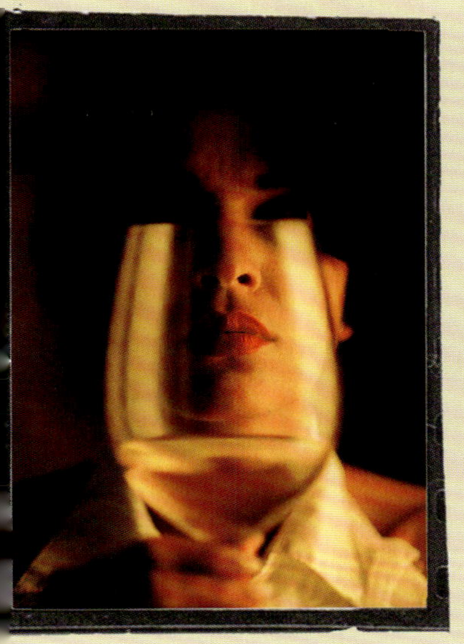

BLANC

Tantôt pétillant et exubérant, tantôt réservé voire mystérieux. Puis stimulant, gai, déclenchant le rire. Tout cela se dégage-t-il vraiment du vin blanc ? Qui sait. L’essentiel est de savoir partager ce plaisir avec les autres !

Dans les œuvres de Goethe, il est souvent fait allusion à son amour du vin. Dans son *Divan occidental-oriental,* publié en 1819, il compare son ivresse à celle de l'amour. Tandis que l'ivresse du vin l'abandonne au matin, l'exaltation de l'amour l'assaille nuit et jour. Le cœur grisé, il écrit des chansons. Que gloire soit rendue à la divine ivresse de l'amour, de la chanson et du vin, même si elle n'est que ravissement et tourmente.

Amateurs de vins blancs

Goethe
Alors que Johann Wolfgang von Goethe, installé dans le jardin de la famille Brentano, dans le Rheingau, travaillait à la rédaction de son « Divan occidental-oriental », il loua en passant les Trockenbeerenauslesen (vins proches des Sauternes) de la région qu'il qualifia de « doigts de Dieu ». Goethe était un fervent amateur de vin blanc et appréciait particulièrement les vins de Würzburg. En 1806, il écrivait de Iéna à sa femme : « Envoie-moi encore quelques bouteilles de Würzburg, car aucun autre vin ne charme autant mes papilles et je suis de méchante humeur lorsque ma boisson ordinaire préférée me fait défaut ». Sa consommation de vin n'était sans doute pas négligeable car lorsqu'il était en cure à Karlsbad où il se restreignait beaucoup, il promettait de ne pas boire plus de deux litres par jour. Goethe n'était pas, semble-t-il, le seul à penser qu'on trouvait la poésie et la vérité dans le vin blanc, bon nombre de ses confrères, parmi lesquels Walther von der Vogelweide, Voltaire, Friedrich Schiller, Clemens Brentano ou Gottfried Keller, étaient de cet avis. Parmi les hommes d'État buveurs de vin blanc figurèrent notamment le prince de Metternich, Henri IV et Charlemagne.

Charlemagne
L'empereur du Saint-Empire romain germanique était tout sauf un grand buveur. Bien qu'il n'en fit qu'une consommation modérée et que l'ivresse, y compris chez ses proches, le dégoûtât au plus haut point, il aimait le vin et encourageait la culture de la vigne. Quand, au cours d'un trajet sur le Rhin, il remarqua que la neige sur les pentes du Johannisberg était la première à fondre dans la région, il ordonna d'y planter du raisin. Lors d'un voyage à travers la Bourgogne, la Montagne de Corton attira son attention. Là aussi, sur son ordre, on y fit pousser de la vigne, un cépage blanc en l'occurrence, car le rouge aurait teinté sa barbe. En 775, il légua ce vignoble à l'abbaye de Saulieu, en continuant toutefois à se réserver le vin des meilleures parcelles. Encore aujourd'hui, ce terroir particulier porte le nom de Corton-Charlemagne.

Henri IV
Plus tard, quand Henri IV vit le jour, le 13 décembre 1553, son grand-père, Henri d'Albret, roi de Navarre, lui humecta d'abord les lèvres avec du jurançon moelleux puis les frotta avec de l'ail. Ainsi, le futur roi fut d'emblée doté du goût des bonnes choses. La légende veut que, pour cette raison, il soit resté fidèle toute sa vie aux spécialités consistantes de son Béarn natal. Certes, il appréciait aussi le bourgogne rouge de Givry et prétendait même que le vin cultivé à Paris était bon pour la santé mais rien ne lui plaisait autant que le jurançon. Comme on essayait souvent d'attenter à ses jours, son échanson devait goûter le vin avant lui. Une fois où ce dernier s'était oublié et avait vidé son gobelet avec délectation, le roi eut cette remarque laconique : « Eh, l'ami ! Tu aurais pu au moins boire à ma santé ».

L'amour du vin

On découvre souvent l'amour du vin par une belle journée d'été en buvant un verre de blanc bien frais. Sa robe claire et attrayante scintille. Son parfum de fleurs, de fruits à pépins ou d'agrumes comme le citron ou le pamplemousse nous met l'eau à la bouche. Et on est rarement déçu par son goût frais, franc et fruité. On succombe avant même de savoir pourquoi.

Le paradoxe blanc

Ceux qui boivent du vin rouge régulièrement mais avec modération réduisent leurs chances d'avoir un infarctus, même s'ils apprécient la bonne chère. Grâce à ce phénomène que l'on appelle le paradoxe français, on peut donc être à la fois attentif à sa santé et s'autoriser couramment le vin rouge. Mais qu'en est-il du vin blanc ? Fort heureusement, lui aussi nous réserve des surprises. Certes, il ne contient pas de phénols aux effets antioxydants, mais même en leur absence, une consommation ordinaire modérée permet de diminuer les risques de maladie. Pour cela, l'esprit-de-vin joue un rôle aussi bénéfique que les vitamines, les sels minéraux et les oligo-éléments. Tous améliorent la quantité de lipides sanguins en faisant baisser le cholestérol LDL qui s'accumule dans les vaisseaux. Seul le foie est capable de l'éliminer, à condition qu'il parvienne jusque-là. Le cholestérol HDL, responsable de ce processus, augmente grâce à la consommation de vin blanc. En outre, le vin stimule le métabolisme. Ces deux phénomènes permettent de réduire les excédents de lipides. Donc, le vin blanc fait aussi maigrir. Toutefois, cela ne vaut qu'à condition d'être en bonne santé et d'avoir une alimentation équilibrée.

Histoire du vin en blanc

600 av. J.-C.

À cette époque, les Grecs dominent le commerce du vin. Le vin de Lesbos est très prisé. Ses raisins sèchent au soleil et donnent une essence dorée, aussi sucrée que le miel. Pendant des siècles, les buveurs de vins gardent une prédilection pour les vins doux méditerranéens.

275

Trèves devient résidence impériale romaine. Il est probable que, dès cette époque, les Romains avaient développé la viticulture sur les bords de la Moselle comme ils l'ont fait ailleurs dans les régions les plus septentrionales de leur empire. De cette façon, un tout nouveau type de vin plus acide se développe dans le nord de l'Europe.

Un ancien livre de cave du Château d'Yquem, Sauternes

et or

1540

En cette année exceptionnelle, est pressuré un Würzburger « Stein » qui aura encore un goût sublime 420 ans plus tard. C'est l'époque où le riesling commence à s'imposer.

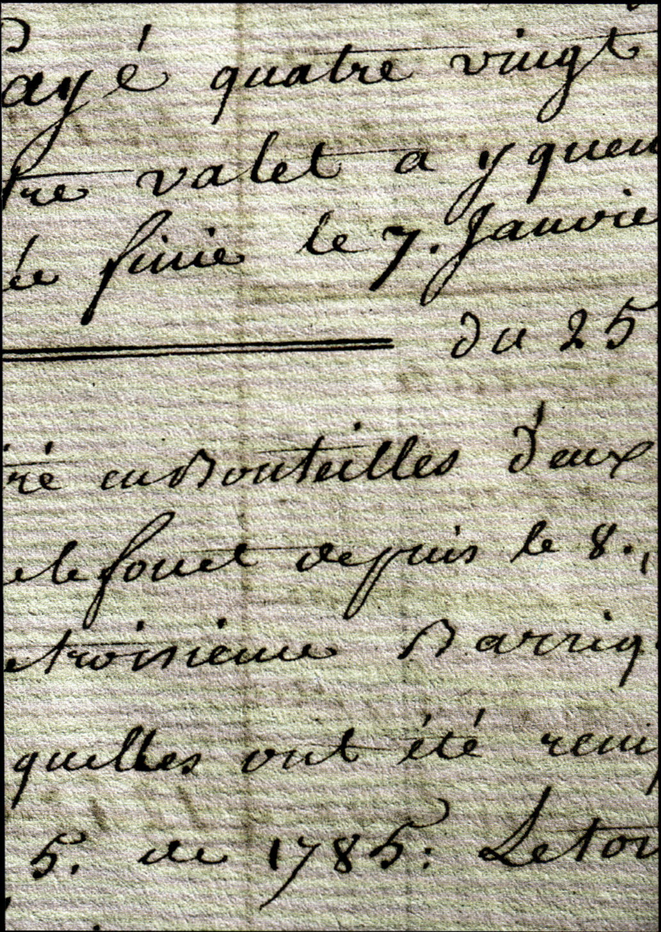

1953

L'ancien ambassadeur James D. Zellerbach plante du chardonnay dans sa propriété de Sonoma en Californie. Dès les premières vendanges, il le vinifie en barriques. Son Hanzell blanc ouvre de tous nouveaux horizons aux producteurs de vins bien au-delà de l'Amérique.

2039

Décision controversée à la cour de justice internationale viticole. Après des débats houleux, elle accorde à nouveau au très vieux producteur biodynamique Nicolas Joly le droit d'étiqueter comme vin sa production de Coulée de Serrant, un vignoble vieux de 900 ans situé près d'Angers où les raisins poussent sur un sol vivant et où le moût fermente grâce à des levures naturelles. Les représentants des instituts nationaux d'hygiène viticole ont annoncé qu'ils allaient faire appel.

Le Kiedricher Berg 1893 démontre qu'il possède le potentiel d'évolution surprenant des grands Rieslings.

BLANC »

PLUS

Blue Nun, la Nonne Bleue, n'est pas un personnage très contemplatif. Au contraire, elle cherche à nouer des contacts et y parvient sans peine, en particulier en Grande-Bretagne où elle mène la ronde très serrée des hocks, terme méprisant qui désigne les vins allemands dans ce pays. Les hocks ont réussi à conquérir mètre par mètre les rayons des supermarchés britanniques car ce sont les vins blancs les moins chers. À l'étranger, Liebfraumilch et consorts passent pour le pire supplice qu'on puisse s'infliger sous forme de bouteille de vin. Ces vins chaptalisés produits en masse sont les témoins impopulaires de l'après-guerre. À l'époque, dans la viticulture comme dans toute l'agriculture, on misait sur la productivité et on dissimulait sans états d'âme la qualité médiocre en puisant dans la réserve de sucre. De plus en plus de consommateurs pouvaient alors s'offrir ce genre de liquide – du moins jusqu'à ce que les maux de tête les ramènent à la raison. Pour se consoler, on pouvait se rabattre sur les équivalents italiens clairs comme de l'eau ou allongés avec de l'eau mais qui au

BLANC«

moins étaient des vins blancs secs. Le Frascati vécut son heure de gloire. Pendant des années, il parvint à s'imposer comme le plus ordinaire des vins blancs. Entre-temps, le Pinot Grigio l'a détrôné. Ce dernier accumule imperturbablement les succès malgré ou à cause de ses efforts pour épargner le goût du vin à ceux qui le boivent. Pendant un certain temps, l'Edelzwicker lui aussi a réussi à surfer sur la vague du vin blanc sec jusqu'à ce que même le dernier des poivrots comprenne qu'il était bel et bien retors. Pendant ce temps-là, un nom réputé remportait un triomphe avec le chablis en vendant tout ce qui était transparent, liquide et issu de la Vallée centrale. C'est pourquoi, dans les cinquante dernières années, le nombre des buveurs de vin blanc n'a cessé de croître. Les vignobles et les caves viticoles se sont technicisées. Quant au chardonnay, il a entamé sa marche victorieuse, possédant l'avantage d'avoir toujours le même goût quel que soit le continent sur lequel il pousse.

Blanc et mystérieux

Saviez-vous que le vin blanc ne provient pas forcément du raisin blanc ? Comme les pigments ne sont pas dans la pulpe mais dans la peau, le vin blanc qui, la plupart du temps, est pressé immédiatement, conserve sa couleur claire même si l'on utilise du raisin noir. L'exemple le plus connu en la matière est le champagne blanc de noirs, élaboré à partir de pinot noir ou encore le gewürztraminer dont les grains sont d'un gris rougeâtre. Dans la mesure où le raisin blanc est rarement incorporé dans le moût, les tanins eux aussi restent dans la peau. Malheureusement, cela vaut également pour de nombreuses substances aromatiques si bien qu'une grande partie des qualités naturelles des grains ne passe absolument pas dans le vin. Par chance, il existe un certain nombre de cépages blancs pour lesquels les arômes ne sont pas seulement présents dans la peau mais aussi dans la pulpe. Les rieslings et les gewürztraminers

appartiennent à cette catégorie au même titre que le muscat si aromatique. C'est le cas aussi pour le chardonnay et le sauvignon même si cela est moins marqué pour ces cépages.

En tout cas, pour les cépages blancs, c'est sans aucun doute la pulpe qui a la plus grande importance. Elle est constituée de grosses cellules qui éclatent facilement et libèrent ensuite le moût. Le composant essentiel de ce dernier, abstraction faite d'environ 75% d'eau, est le sucre. Par ailleurs, les acides organiques, notamment les acides du vin qui ressortent volontiers et de manière particulièrement visible, jouent un rôle important. Le rapport entre sucre et acides est un aspect passionnant des vins blancs et donne un éventail nettement plus large de styles de vins différents que dans le vin rouge.

Les catégories

Poids plumes **Poids lourds**

Très légers
Comme un riesling léger, fruité avec une bonne acidité et une certaine vigueur. Un blanc tonifiant, apéritif pétillant et accompagnement idéal des poissons d'eau douce. Incomparables : ceux de Moselle-Sarre-Ruwer.

Légers et faibles
Telles sont les caractéristiques de nombreux vins blancs neutres mais gouleyants. Les blancs italiens et plus généralement ceux des pays riverains de la Méditerranée sont très forts dans ce secteur. Le müller-thurgau, le muscadet et le chenin blanc d'Afrique du Sud suivent bravement la tendance et sont tout aussi ennuyeux.

Souples et racés
C'est l'impression que produisent les blancs qui nous enchantent par leur finesse et leur harmonie. Le sancerre, les meilleurs sauvignons de Bordeaux ou de Nouvelle-Zélande en font partie tout comme les bons Veltliner et les bons Albariños, les chenins blancs de Loire et les rieslings classiques.

de vins blancs

Solides
C’est le cas de nombreux vins blancs issus de cépages très aromatiques comme les gewürztraminers, les viogniers ou les muscats. Ils associent souvent beaucoup de moelleux et d’ampleur à des arômes de fleurs et de fruits : des spécialités du vin blanc.

Ronds
et charpentés, telles sont les qualités que doivent posséder les très grands vins blancs. Ils fermentent en barrique et allient rondeur et notes délicatement épicées à la longueur comme les meilleurs chardonnays de Bourgogne et d’Amérique.

Lourds
Ils s’étalent sur toute la langue, ces « alcooliques » usés au fort goût de barrique que certains Australiens, certains Chiliens et certains Américains considèrent comme le nec plus ultra en matière de vin blanc. La plupart du temps, il s’agit de chardonnays à l’effet rassasiant garanti.

Vin blanc pour buveurs posés

Il vous coule presque tout seul dans la gorge, ce jus de raisins bien frais. Toutefois, le monde merveilleux des blancs ne se dévoilera qu'avec réticence à certains amateurs qui avouent le boire un peu vite. Car dans ce monde, ils se retrouveront face à des caractéristiques qui, dans un premier temps, leur échapperont, tout simplement parce qu'ils s'arrêteront au goût sucré de ces vins. En effet, là où les vignerons, à la recherche des arômes ultimes que peuvent produire ensemble le cep, le vignoble et la nature, ne reculent devant aucun risque pour mener les raisins des meilleurs crus à surmaturation, ils sont parfois récompensés par des concentrations merveilleuses d'arômes et de sucre. La reine de toutes les fées qui veillent sur les vins moelleux nous offre le Eiswein (« vin de glace »). Protégés sous des bâches en plastique contre les gourmands indésirables et l'eau importune, les grains se ratatinent de plus en plus à l'approche de cette nuit d'hiver magique où le thermomètre chute à une température inférieure à moins huit degrés et où ils sont cueillis un à un sur les pieds de vigne. Qu'il s'agisse d'un Eiswein ou d'un Icewine, d'un Beerenauslese ou d'un Trockenbeerenauslese, d'un tokay ou d'un Ausbruch, d'une sélection de grains nobles alsacien, d'un sauternes, d'un barsac ou d'un jurançon, tous exigent de l'attention, de la disponibilité et du respect. C'est pourquoi on devrait les boire en prenant le temps de la réflexion, savourer leurs arômes envoûtants avec les sens en éveil et apprécier à sa juste valeur l'alliance du sucre et de l'acidité. Bien sûr, ces vins s'associent délicieusement au foie gras, aux fromages à pâte persillée ou aux desserts raffinés, mais au fond, ils méritent notre attention exclusive.

L’apéro idéal

Quand des gens passent un bon moment ensemble, il n’est pas rare qu’ils prennent du vin blanc. Que l’on fête un événement ou que l’on arrose un succès, qu’il s’agisse d’une soirée décontractée ou d’une invitation en bonne et due forme, on

fait toujours bonne impression en servant du vin blanc à ses invités. Il est vrai que servi dans un long verre à pied, il a l'air déjà si élégant et si prometteur qu'inévitablement, l'envie nous prend de trinquer et de le goûter. Il est parfait comme accompagnement : avec des feuilletés, toujours très appréciés, des olives ou des canapés au fromage. Il glisse presque sans sourciller sur les tomates, il tolère même la salade ou les champignons et va jusqu'à concurrencer les piments.

Le vin blanc et l'amour

« Au début, le fait de boire […] suscite juste allégresse et bien-être chez l'être humain ; s'il continue à boire, cette humeur s'accentue proportionnellement, elle rend le buveur enjoué, loquace, voire gentiment hâbleur et ses dispositions naturelles à la gaieté semblent doublées et triplées. Enfin […], partout où il porte ses regards et où il prête l'oreille, il s'imagine ne voir et n'entendre que les choses les plus charmantes ; ensuite, il donne à son entourage les marques de la plus vive inclination en l'assurant de sa fidélité, de son amour et de son adoration ; parvenu au point culminant de cette situation, il passe aux étreintes, aux baisers et aux serments les plus délicats, essaie encore dans un dernier effort de parler clairement et conclut ensuite par de comiques oscillations du corps qui […] l'obligent à s'asseoir et tout de suite après, sombrant dans un doux sommeil, par une attitude empreinte de décence et de dignité. » *Ferdinand von Heuss, 1906*

TOP 10

1

Le chardonnay a maintenant conquis le monde. Il ne pose pas de problèmes aux viticulteurs et son goût est toujours plaisant qu'il soit ou non vieilli en fût de chêne.

2

Le sauvignon blanc est extrêmement aromatique avec des arômes frais de végétaux, de groseille à maquereau, de citron vert. Très à la mode.

3

Le riesling est un c
page d'une race uniqu
Il est en train de s
frayer un chemin ve
les premiers rangs.

4

Le pinot gris peut donner les produits les plus divers, du simple vin à la mode jusqu'à la spécialité corsée.

5

Le chenin blanc propose une gamme allant des vins frais, secs aux vins solides, liquoreux.

6

Le pinot blanc acquiert beaucoup de vigueur et de longueur et est en train de gagner nettement du terrain.

7

Le viognier plaît à cause de son arôme d'abricot et son côté très charpenté. Il s'impose de plus en plus.

8

Le gewürztraminer aux reflets chatoyants et dorés dans le verre a un parfum de rose et de muscat. Ses qualités trouvent leur meilleure expression dans les vins moelleux.

Parmi les cépages blancs, l'Albariño originaire de Galice est à recommander. Il se caractérise par sa fraîcheur, son élégance et ses arômes qui vont des fruits verts aux fruits exotiques. Le sémillon est radicalement différent. La pourriture noble lui confère une certaine complexité ainsi que des notes de cire et de miel. Autre spécialité, le roussanne des Côtes du Rhône. Finesse, longueur en bouche, longévité font partie de ses qualités. On boira avec plaisir l'aligoté de Bourgogne au bouquet et à la fraîcheur un peu âpre.

9

Le sylvaner a un arôme très neutre. Quand il est issu des meilleurs terroirs, il est sec avec une rondeur remarquable.

10

Le muscat produit des vins doux sirupeux mais lorsqu'il est sec, il est séduisant et très intense.

Les meilleurs terroirs pour le vin blanc

Bon nombre de cépages blancs supportent nettement mieux le froid et l'humidité que les noirs. C'est pourquoi ils occupent les marges climatiques de la viticulture. La température moyenne annuelle la plus basse se situe entre 15 et 20 °C et le temps de maturation s'allonge ce qui permet aux vins de développer un bouquet particulièrement intense. Parallèlement, grâce à leur forte teneur en acides, ces vins vieillissent bien et possèdent une fraîcheur prononcée. Dans ces régions, le riesling est exceptionnel. Mais le chardonnay lui aussi peut mûrir jusqu'à acquérir une saveur inimitable. Tel est le cas par exemple à Chablis où il faut souvent protéger les ceps de vignes des dégâts causés par les gelées de printemps. Ou comme le sauvignon en Nouvelle-Zélande, relativement proche de l'Antarctique. Là où les vins blancs sont produits dans des zones très chaudes, ils donnent souvent l'impression d'être lourds et grossiers et ils ont tendance à s'oxyder très vide par manque d'acides. C'est pour cette raison que les blancs issus de terroirs plus froids sont davantage appréciés des connaisseurs.

Agriculture biologique et biodynamique

Ce n'est pas un hasard si l'évolution des mentalités dans la viticulture a commencé précisément dans les régions où les vignerons en raison d'un climat très humide étaient confrontés sans cesse à des maladies parasitaires comme le vrai et le faux oïdium et à la pourriture. Ils étaient trop souvent obligés de recourir à des traitements chimiques sans obtenir pour autant de résultats satisfaisants. En cherchant d'autres procédés, ils ont trouvé la solution parmi les méthodes respectueuses de l'environnement.

En stimulant la vie du sol, grâce au compost notamment, souvent aussi en plantant une couverture herbeuse ce qui a pour effet entre autres d'équilibrer l'indice hygrométrique, en pratiquant des baisses délibérées de rendement, ils fortifient les ceps au lieu de les épuiser. Des viticulteurs vont encore plus loin, ils respectent les cycles de la vigne et renforcent ses défenses immunitaires naturelles grâce à des préparations homéopathiques. Aujourd'hui, on se rend compte que ces méthodes de travail qui renoncent aux herbicides, aux fongicides et aux pesticides entraînent des gains qualitatifs de plus en plus nets.

Vendanges

Parmi les viticulteurs qui vendangent le raisin blanc, il y a ceux qui sont pressés et ceux qui possèdent une patience d'ange. D'autres encore commencent par se dépêcher puis marquent une pause. Partout où la production est tournée vers les vins blancs secs, on vise le degré de maturité optimal au stade duquel la teneur potentielle en alcool, l'acidité et la puissance des arômes sont les plus équilibrés possibles. Puis on vendange promptement. Dans les régions où l'on fait des

blanches

vins moelleux ou liquoreux, les viticulteurs procèdent tout autrement. Là, c'est la surmaturité que l'on désire ardemment. Selon la tradition de la région viticole et les conditions climatiques de l'année, on essaye de retarder plus ou moins les vendanges. Là où la nature apporte son concours en donnant de l'humidité le matin et du soleil ensuite, se développe alors la fameuse et très prisée pourriture noble issue du Botrytis cinerea. Ce champignon provoque une déshydratation des grains et augmente ainsi leur teneur en sucre. Dans de nombreuses régions, les vendangeurs passent plusieurs fois dans les vignobles en ne cueillant à chaque fois que les grains effectivement touchés par la pourriture noble. À chaque tri successif, la concentration de sucre s'accroît. Pour le vin de glace, on attend même l'arrivée de fortes gelées qui fige l'eau contenue dans les grains de sorte que seul le moût doté de la plus forte concentration de sucre sort du pressoir.

Skin contact et

Contrairement au vin rouge où l'on cherche grâce à la macération – la fermentation des grains foulés – à extraire un maximum de pigments, de tanin et d'arômes de la peau, le vin blanc est en règle générale pressé immédiatement. Pourtant, depuis qu'on a compris que la concentration d'arômes se trouve dans la peau, les producteurs ont élaboré une méthode qui permet de faire macérer aussi le vin blanc. Il suffit de passer au froid les grains éraflés pour empêcher que la fermentation ne commence. Ensuite, on peut laisser macérer le moût quelques heures en toute quiétude et laisser se dissoudre les arômes. Grâce à cette macération préfermentaire pratiquée dans le monde entier sous la dénomination de skin contact, on est parvenu à obtenir un gain significatif d'arômes. Cela joue un rôle pour les vins qui sont vinifiés uniquement en cuves et de
tinés à être bus jeunes. On peut aus
de cette façon donner à des cépag
assez neutres un certain pep. Certai
viticulteurs préfèrent presser les raisi
entiers. Dans ce procédé, les raisins r
sont pas éraflés, c'est à dire sépar
du pédicelle et de la grappe, et so
donc pressurés tels quels. Le press
rage est décisif pour la qualité du v
blanc. Il doit être pratiqué avec auta
de ménagement que possible pour év
ter que ne se développe un arrière-go
désagréable d'herbe. En même temp
il faut tirer des raisins une quantité op
male des substances qu'ils contie
nent pour donner au vin son caractè
et sa charpente. Aujourd'hui, le press
rage est pratiqué de la meilleure faç
possible grâce à des pressoirs pne
matiques qui travaillent avec douce
et précision.

pressurage

Cuve ou barrique ?

La vinification des vins blancs commence toujours par une clarification car après le pressurage, le moût contient encore des débris comme des morceaux de feuilles, des pédicelles, des peaux ou bien des particules de terre. Il faut les éliminer afin que le goût ultérieur du vin ne soit pas altéré. Pour cela, le moût, habituellement passé au froid, reste en cuve de 12 à 24 heures. Ensuite, une fois que ces impuretés se sont déposées, on récupère le moût clarifié. À présent, la fermentation peut commencer. Pour la majorité des vins blancs, les viticulteurs utilisent aujourd'hui des cuves neutres et faciles à nettoyer, de préférence en inox et thermorégulée. Dès lors, soit on s'en remet aux levures naturelles qui sont passées de la peau du raisin dans le moût, soit on ajoute des levures sélectionnées. À une température comprise entre 17 et 20 °C, le vin a besoin de 7 à 10 jours pour achever sa fermentation. Toutefois, on peut aussi laisser fermenter le moût en barrique (ou dans d'autres fûts). Dans des tonnelets, la température ne monte presque jamais à un niveau dangereux. Si le bois du tonneau est neuf, le vin s'imprègne alors de ses tanins et de ses arômes ce qui lui permet de bien vieillir et d'enrichir son bouquet. En remuant les levures, procédé qu'on appelle le bâtonnage, on parvient à lui donner encore plus de rondeur et de corps. On obtient ainsi un type de vin de meilleure qualité, destiné surtout à accompagner des mets raffinés. Les vins vinifiés en cuve, eux, conservent la simplicité de leurs arômes de cépage.

Là est la question...

La gamme des blancs

Or pâle
Certains vins blancs ont presque la couleur de l'eau. Ils sont souvent vendangés de façon à produire des rendements assez élevés, pressurés sur-le-champ, et ont, la plupart du temps, un goût très neutre.

Pâle et teintée de reflets verts
C'est la robe de nombreux vins produits grâce à des techniques modernes. Pour leur production, les raisins sont vendangés alors qu'ils viennent à peine d'arriver à maturité et sont vinifiés dans des cuves après un passage à froid.

Dorée
Souvent, cette robe est le gage d'un arôme très intens soit en raison de la maturité du raisin utilisé, soit à cause d'une vinification en barriqu ou de quelques années de vieillissement en bouteille.

Jaune paille
Les vins qui, malgré leur jeunesse, ont commencé à s'épanouir et qui, souvent, s'avèrent un peu plus solides et plus complexes arborent une robe plus foncée.

Tilleul
Cette robe est généralement caractéristique des vins vinifiés grâce à des procédés modernes et issus de régions méditerranéennes ou de cépages peu acides.

Ambrée
C'est la teinte resplendissante dont se parent les vieux vendanges tardives ou les vieux vins liquoreux ainsi que les vins vinifiés en barrique.

Acajou
Cette couleur fascinante due à l'âge est celle que prennent les très vieux vins liquoreux.

Pour l'éternité

Pour des raisons mystérieuses, l'idée que la durée de vie du vin blanc est nécessairement brève est ancrée dans l'esprit des amateurs de vin. Ils s'empressent donc de boire si possible tous leurs rieslings, leurs chardonnays, leurs sauvignons, leurs sémillons ou leurs vins favoris quelle que soit leur provenance avant qu'ils ne leur fassent faux bond – sans se rendre compte de ce qui leur échappe par la même occasion. De même que tous les vins rouges ne sont pas toujours destinés à être gardés éternellement, de même tous les blancs n'ont pas forcément une durée de vie courte. Certains vieillissent très bien. De bons acides, un minimum de vigueur et de puissance leur donnent un potentiel d'évolution. Si, en outre, ils sont riches en sucres résiduels, alors ils ont encore de beaux jours devant eux.

Rétrospective du Château d'Yquem. Le plus ancien millésime date de 1876, le plus récent de 1985. Sur cent millésimes exposés, il en manque 9.

Château d'Yquem
Lur-Saluces
SAUTERNES

Symphonie

en blanc

Un bon vin blanc ressemble à un morceau de musique. Lors de l'ouverture, quand on porte le verre à son nez, on perçoit des notes florales plutôt délicates comme l'acacia, l'aubépine ou la rose. Souvent, elles sont d'ores et déjà accompagnées d'une note légèrement épicée si la vinification a été faite en fût de chêne. Si l'on remue le verre, des accords plus puissants retentissent ; selon le caractère, ce sont des accords de fruits verts ou mûrs comme la granny smith, le pamplemousse, le citron vert, la poire ou le melon. Des notes épicées se font entendre, par exemple des notes d'anis, de fenouil, de cannelle ou de vanille. Si des touches de beurre, de miel et de noix résonnent, le bouquet enfle et s'affirme. Avec la première gorgée débute le mouvement central de notre symphonie. Sur le palais, le vin montre s'il est maigre ou étoffé, rude ou tendre, éteint ou nerveux. On entend à nouveau les thèmes aromatiques du bouquet auxquels succèdent la finesse et l'harmonie. Lors du final, la plénitude, la vigueur et la vivacité resurgissent avant que le vin ne s'achemine vers son decrescendo.

Dans l'orchestre des arômes blancs résonnent à l'unisson des fruits comme la pomme, la groseille à maquereau et la poire, des épices comme la vanille et la cannelle, des plantes comme la fougère et l'herbe, ou encore comme la menthe, la mélisse et le fenouil. Parfois, une délicate note florale domine le tout.

Aprikose	albicocca	apricot	albaricoque
aromatisch	aromatico	aromatic	aromático
ausdauernd	persistente	persistent	persistente
ausgewogen	equilibrato	well-balanced	equilibrado
(mit) Barrique-Note	con nota barrique	oaky	notas de madera
bleich, sehr hell	pallido	pale	pálido
buttrig	burroso	buttery	a mantequilla
elegant	elegante	elegant	elegante
Fenchel	finocchio	fennel	hinojo
floral	floreale	floral	floral
frisch	fresco	fresh	fresco
golden	dorato	golden	dorado
grün	verde	green	verde
Honig	miele	honey	miel
intensiv	intenso	intense	intenso
klar	limpido	limpid	claro o limpio
lebendig	vivo	vivid	vivo
maderisiert	maderizzato	maderized	maderizado
mineralisch	minerale	mineral	mineral
Quitte	cotogna	quince	membrillo
rassig	di razza	racy	con clase
(mit) Röstnoten	con sentore di tostato	roasted	torrefacto
rund, fett	rotondo, pieno	rich, fat	graso
säurehaltig	acidulo	with acidity	ácido
schwach	corto	weak	débil
süß	dolce	sweet	dulce
Vanille	vaniglia	vanilla	vainilla
weinig	vinoso	with good vinosity	vinoso
Zitrone	limone	lemon	limón

Parler vin blanc

abricot
aromatique
persistant
équilibré
boisé
pâle
beurré
élégant
fenouil
floral
frais
doré
vert
miel
intense
clair
vif
madérisé
minéral
coing
racé
torréfié
gras
acide
faible
doux
vanille
vineux
citron

Vins blancs du monde

« Quel vin blanc puis-je vous servir ? – Anything but chardonnay (tout, sauf du chardonnay). » Le chardonnay a conquis le monde entier et s'est hissé au rang de nº 1 des principaux cépages blancs. Partout, on a cherché à imiter le goût du bourgogne en s'inspirant soit du chablis minéral vinifié dans des cuves en inox soit du riche meursault vieilli en petit tonneau. Malgré sa qualité la plupart du temps acceptable, une saturation justifiée s'est fait sentir. Et maintenant ? Le sauveur attend déjà. Il s'appelle riesling. Certes, les viticulteurs européens lui ont préparé le terrain grâce à d'énormes hausses de qualité, cependant la mode internationale du riesling qui s'annonce part d'Australie. Là-bas, on saisit toutes les occasions pour vanter ses mérites. Avec un succès croissant et extraordinaire.

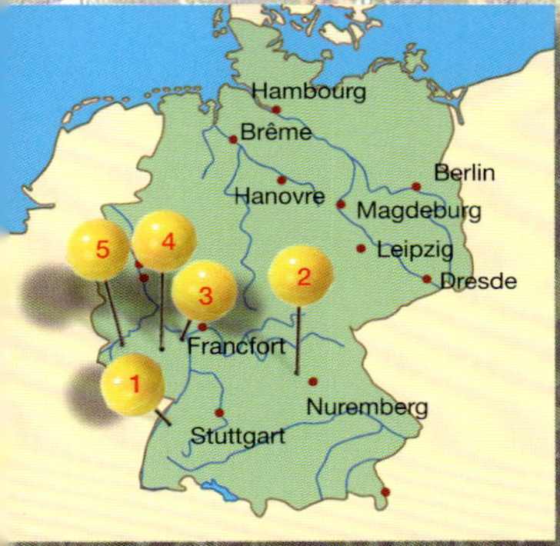

1 Bade, 2 Franconie,
3 Rheingau, 4 Nahe,
5 Moselle-Sarre-Ruwer

Allemagne

Situées tout au nord des zones de cultures adaptées à la vigne, les régions viticoles allemandes disposent de conditions remarquables, uniques même, pour produire des vins blancs de très grande qualité. La maturité du raisin retardée par le climat engendre une forte intensité aromatique, favorisée par une acidité vive et plaisante. C'est ainsi que peuvent se développer ici des vins qui remportent les suffrages parce qu'ils ont une faible teneur en alcool mais vieillissent bien. Le raisin vendangé tard voire très tard donne par ailleurs des vins liquoreux d'un caractère incomparable. Le riesling est de loin le meilleur cépage allemand. Le drame de la viticulture allemande vient de ce que l'on s'est tourné vers des cépages de base produits en masse comme le müller-thurgau au lieu d'exploiter le potentiel de qualité énorme de la Moselle-Sarre-Ruwer, du Mittelrhein, du Rheingau, de Nahe, de la Hesse rhénane, du Palatinat, de Bade et de Franconie. Mais aujourd'hui, une nouvelle génération de viticulteurs fournit des vins de grande classe.

- ✘ **Consommation par tête: 22,4 litres**
- ✘ **Exportations: 2,1 millions d'hectolitres**
- ✘ **Riesling: 20,8% 21 514 hectares de vignes**
- ✘ **Müller-Thurgau: 18% 18 609 hectares de vignes**
- ✘ **Sylvaner: 6,2% 6422 hectares de vignes**
- ✘ **Kerner: 5,8% 6054 hectares de vignes**
- ✘ **Bacchus: 2,9% 2967 hectares de vignes**
- ✘ **Pinot gris: 2,8% 2905 hectares de vignes**
- ✘ **Pinot blanc: 2,7% 2795 hectares de vignes**

Autriche, Suisse, Hongrie

L'Autriche est devenue l'un des pays producteurs de vin les plus intéressants du monde. Depuis le scandale du glycol en 1985 qui a provoqué un électrochoc, ses viticulteurs veulent absolument prouver qu'ils savent faire des vins exceptionnels. Ils y parviennent grâce aux spécialités liquoreuses du Neusiedlersee (lac de Neusiedler) ou aux rieslings du Wachau, de Kremstal et de Kamptal mais aussi grâce aux Welschrieslings de Styrie et aux Grüner Veltliner.

En Suisse où le coût de la vie est si élevé, la plupart des viticulteurs se sont tournés vers des vins de bonne voire de très bonne qualité. Nulle part ailleurs, on obtient autant de succès avec le chasselas que dans le Vaud, près de Genève, dans le Valais et à Neuchâtel. Le tokay fait la réputation de la Hongrie en matière de vin. À présent – souvent sous le contrôle d'investisseurs étrangers – la qualité des vins s'améliore. Les Furmints secs eux aussi commencent à devenir convaincants. D'autres régions ont encore bien du mal à s'imposer.

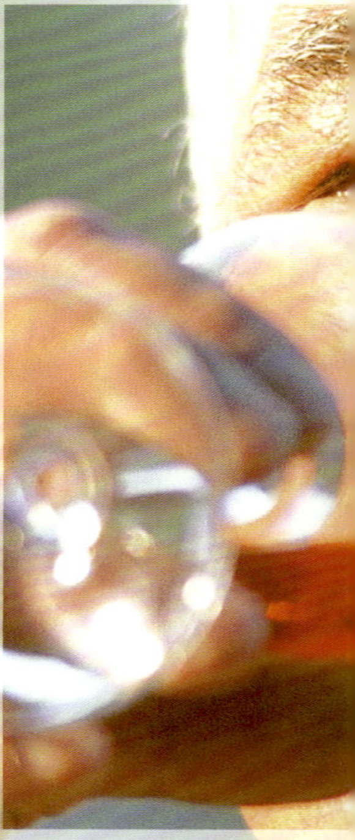

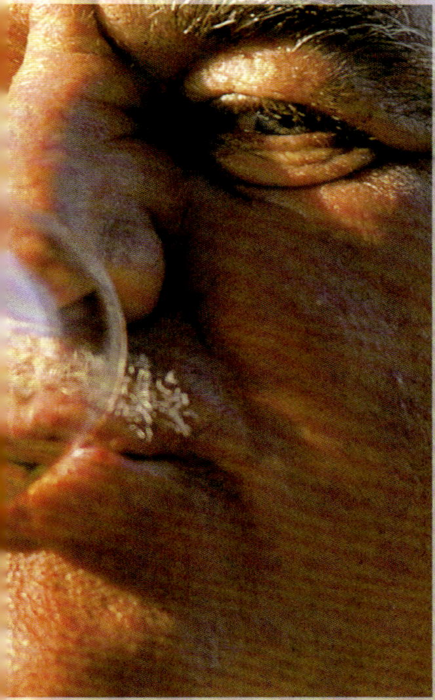

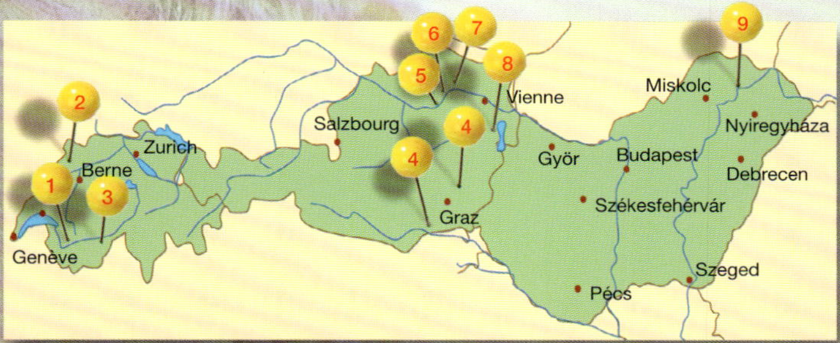

1 Vaud, 2 Neuchâtel, 3 Valais, 4 Styrie, 5 Wachau, 6 Kremstal, 7 Kamptal, 8 Neusiedlersee, 9 Tokay

Autriche

- ✘ **Cépages blancs : 74,5 %**
  36 145 hectares de vignes
- ✘ **Grüner Veltliner : 36 %**
  17 479 hectares de vignes
- ✘ **Welschriesling : 8,9 %**
  4323 hectares de vignes
- ✘ **Pinot blanc : 6 %**
  2936 hectares de vignes
- ✘ **Riesling : 3,4 %**
  1643 hectares de vignes

Suisse

- ✘ **Cépages blancs : 48 %**
  7156 hectares de vignes
- ✘ **Chasselas : 36,6%**
  5460 hectares de vignes
- ✘ **Müller-Thurgau : 4,7 %**
  693 hectares de vignes

France
Bourgogne
Loire
Alsace

- Consommation par tête : 58,8 litres
- Bourgogne :
  Cépages blancs : 53,5%
  13 375 hectares de vignes
  943 180 hectolitres
  Chardonnay : 48%
  12 000 hectares de vignes
  Aligoté : 5,5%
  1375 hectares de vignes
- Alsace :
  Cépages blancs : 92%
  13 570 hectares de vignes
  Riesling : 22,9%
  3378 hectares de vignes
  Pinot blanc : 21,5%
  3171 hectares de vignes
  Gewürztraminer : 18,1%
  2670 hectares de vignes
  Tokay pinot gris : 11,9%
  1755 hectares de vignes

En ce qui concerne les appellations célèbres, les vins blancs français n'ont absolument pas à rougir face aux vins rouges. Les bourgognes continuent à faire partie des meilleurs blancs du monde qu'ils viennent de Chablis, de Meursault, de Puligny-Montrachet, de Chassagne-Montrachet ou de Pouilly-Fuissé. L'Alsace fournit des blancs remarquables, essentiellement à base de riesling, de pinot gris, de muscat ou de gewürztraminer. Pour ce qui est de la classe, les vins de Loire n'ont rien à leur envier. Dans la zone d'appellation Sancerre et Pouilly-Fumé, on presse des sauvignons remarquables. Mais pour le reste, c'est le chenin qui domine les grands vins blancs de Loire, qu'ils soient secs, moelleux ou liquoreux, qu'il s'agisse d'un savennières ou d'un vouvray. À Sauternes ou à Barsac mûrissent des vins liquoreux légendaires, les Graves livrent les meilleurs vins secs du Bordelais. Jurançon, Limoux, Cassis, Condrieu et le Jura sont d'autres régions réputées.

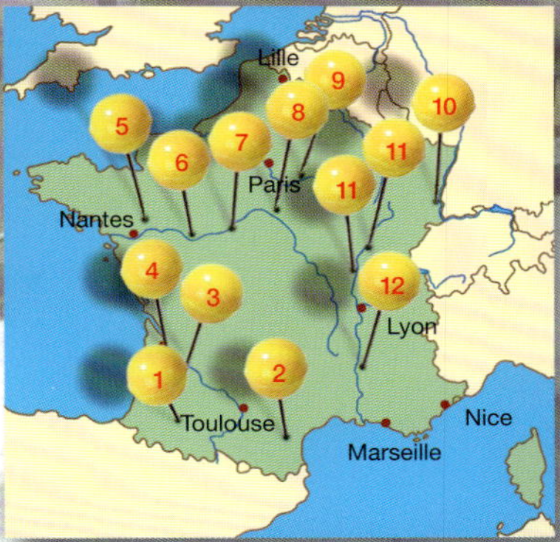

1 Jurançon, 2 Limoux, 3 Sauternes, 4 Graves, 5 Muscadet, 6 Savennières, 7 Vouvray, 8 Sancerre, 9 Chablis, 10 Alsace, 11 Bourgogne, 12 Condrieu

Italie Soave, Collio, Orvieto

Quand on parle d'Italie et de vin blanc, beaucoup de gens pensent tout de suite au Pinot Grigio ou au Frascati et en restent là. Pourtant, il existe dans le nord-est du pays, dans le Tyrol italien, le Trentin et le Frioul de nombreux vins de première catégorie issus de chardonnay, de pinot blanc, de sauvignon et du traminer local. Pour le Collio, on utilise aussi l'attrayant Ribolla Gialla. Le Soave vient de Vénétie. La région du Soave Classico fournit des blancs d'une grande finesse. Dans le Piémont, le Gavi di Gavi s'est fait un nom tout comme dans le Roero, l'Arneis. Plus au sud, les vins blancs remarquables se font rares à l'exception du Vino Santo de Toscane, parfois excellent. Seul l'Orvieto Classico d'Ombrie atteint en partie une qualité exceptionnelle. De manière tout à fait inattendue, la Sicile offre maintenant une nouvelle génération de blancs de la meilleure qualité.

- ✘ Consommation par tête :
  55,6 litres
- ✘ Tyrol italien :
  2696 hectares de vignes
  Pinot blanc : 20%
  Chardonnay : 17%
- ✘ Trentin :
  13 705 hectares de vignes
  17 216 entreprises vinicoles
  Chardonnay : 30,6%
  Müller-Thurgau : 5,3%
- ✘ Frioul-Vénétie julienne :
  19 171 hectares de vignes
  22 485 entreprises vinicoles
- ✘ Vénétie :
  80 953 hectares de vignes
  113 239 entreprises vinicoles
- ✘ Ombrie :
  18 085 hectares de vignes
  33 415 entreprises vinicoles
- ✘ Sicile :
  174 547 hectares de vignes
  119 943 entreprises vinicoles

1 Orvieto, 2 Roero, 3 Gavi, 4 Trentin,
5 Haut Adige, 6 Frioul-Vénétie julienne,
7 Soave

Espagne
Penedès
Rías Baixas
Rueda

Dans la Péninsule ibérique, la viticulture moderne a débuté en Catalogne il y a 130 ans, lorsque le premier Cava est arrivé sur le marché. Cet événement a placé les blancs sur le devant de la scène. Entretemps, les Catalans ont donné la preuve qu'ils savaient vinifier non seulement les vins mousseux, mais aussi les vins non pétillants et équilibrés. D'autres régions possèdent un potentiel de qualité beaucoup plus grand, en particulier la Galice. À Rías Baixas, sur la côte Atlantique, l'Albariño pétillant et fruité triomphe. Dans l'arrière-pays aussi poussent des blancs très attrayants, provenant par ex. de Godello. Au sud de Valladolid, où le verdejo et le sauvignon s'allient merveilleusement, le vin blanc D.O. Rueda fait sensation. Le Rioja et la Navarre, en revanche, n'offrent presque pas de vins blancs dignes d'être cités.

Portugal

Le blanc portugais qui remporte le plus de succès à l'exportation vient du Minho, la province la plus septentrionale du Portugal, située sur les bords de l'Atlantique. Ce vin léger, vert et pétillant est un vin de soif rafraîchissant. Mais à Moncão et Melgaço, on presse aussi d'excellents Albarinho. Dans l'Estrémadure, l'Arinto de Bucelas connaît une renaissance et l'Alentejo livre maintenant des vins blancs modernes agréables.

1 Vinho Verde, 2 Rías baixas, 3 Rueda,
4 Navarre, 5 Penedès

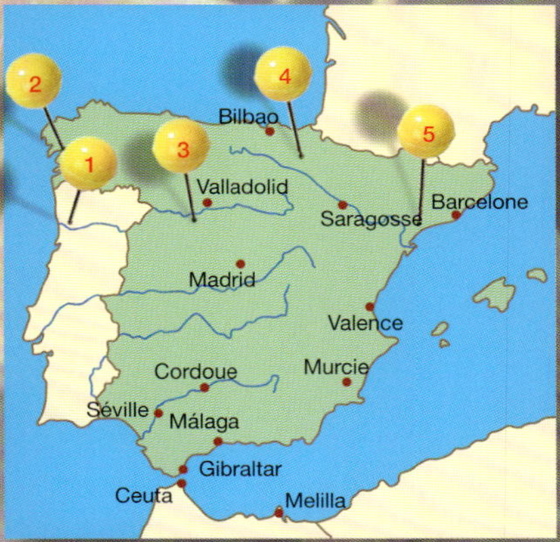

Espagne

- ✘ Consommation par tête : 38,2 litres
- ✘ Cépages blancs : 73%
  854 100 hectares de vignes
- ✘ Penedès :
  Cépages blancs : 68%
  18 360 hectares de vignes
- ✘ Rías Baixas :
  Cépages blancs : 99,7%
  1 978 hectares de vignes
  Albariño : 96,7%
  1915 hectares de vignes

Portugal

- ✘ Vinho Verde :
  Cépages blancs : 62%
  42 000 hectares de vignes

États-Unis
Californie, Washington, Oregon

Même si, aux États-Unis comme ailleurs, la mode est maintenant aux vins rouges, de nombreuses régions offrent aux cépages blancs des conditions idéales. Sur la côte Pacifique, c'est toujours le cas quand l'influence océanique tempère le climat. Dans la zone géographique souvent plus fraîche de la Côte centrale, s'épanouissent d'excellents chardonnays mais aussi d'autres cépages comme le riesling, le pinot blanc, le sauvignon, le viognier ou le marsanne. La situation est comparable dans la Vallée de la Sonoma avec ses multiples domaines viticoles. Le chardonnay est partout, toutefois, le plus équilibré pousse à Carneros. La vallée de la Russian River est également connue pour son sauvignon – appelé Fumé Blanc – et son gewürztraminer, dans la Clare Valley, on trouve également du très bon sauvignon. Dans la Willamette Valley située dans l'Oregon, on a planté, outre du pinot noir et du chardonnay, du pinot gris et du pinot blanc ainsi que des cépages allemands qui sont cependant en recul. Et à Washington, le chardonnay domine sans conteste.

1 Côte centrale, 2 Napa, 3 Sonoma,
4 Willamette Valley

- **Consommation par tête :**
  8,3 litres
- **Californie :**
  Cépages blancs, pressés : 45%
  1,5 millions de tonnes
  Chardonnay : 20%
  650 525 tonnes
- **État de Washington :**
  Cépages blancs : 43%
  4860 hectares
  Chardonnay : 24% (2689 hectares)
  Riesling : 8% (891 hectares)
- **Oregon :**
  Cépages blancs : 67%
  Chardonnay : 10,5%
  472 hectares
  Pinot gris : 13% (594 hectares)

Chili et Argentine

L'essor du Chili en tant que nation viticole s'est basé à la fois sur la production de vin rouge et de vin blanc et sur leur rapport qualité prix attractif. Cependant, les cépages les plus demandés, le chardonnay et le sauvignon, ont eu la préférence. Il y a 20 ans, on s'est intéressé également à des régions plus fraîches, en particulier celle d'Aconcagua, au nord de Santiago et à sa vallée de Casablanca. Elle est maintenant considérée comme une excellente appellation pour les vins blancs raffinés. Les Argentins avec leur héritage culturel très disparate, marqué surtout par l'influence méditerranéenne, étaient et sont ouverts à un éventail de cépages nettement plus large que la plupart des autres pays du Nouveau Monde. Si la production de vin blanc est encore aujourd'hui essentiellement à base de sauvignon et de chardonnay, on trouve aussi des viogniers, des sémillons et des chenins délicieux. À présent, on vise des zones situées plus en altitude pour donner aux vins blancs de la fraîcheur et des arômes plus intenses.

Chili

- Consommation par tête : 18,3 litres
- 175 000 hectares de vignes (destinés également au pisco, au jus de raisin et aux raisins de table)
- 0,55 milliards de litres

Argentine

- Consommation par tête : 40,7 litres
- 213 000 hectares de vignes
- 1,6 milliards de litres

1 Curicó, 2 Maipo, 3 Mendoza

1 Margaret River, 2 Clare Valley, 3 McLaren Valley, 4 Yarra Valley, 5 Hunter Valley, 6 Marlborough, 7 Wellington, 8 Martinborough

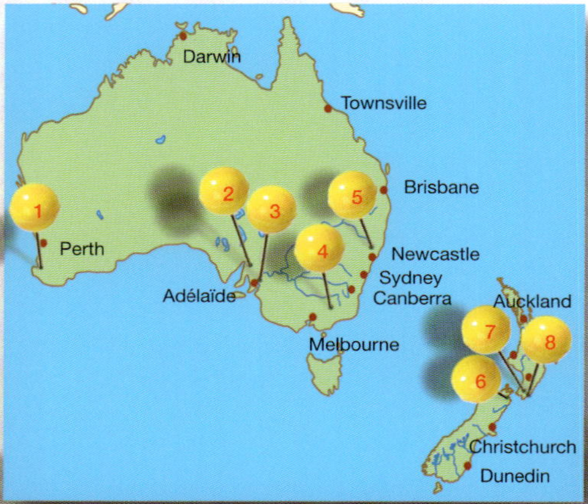

Australie

- **Cépages blancs, pressés : 621 040 tonnes**
- **Chardonnay : 40,6 % 252 166 tonnes**
- **Sémillon : 17 % 105 397 tonnes**

Nouvelle-Zélande

- **Cépages blancs : 70 % 9557 hectares de vignes**
- **Chardonnay : 26 % 3527 hectares de vignes**
- **Sauvignon : 25 % 3427 hectares de vignes**
- **Riesling : 4,3 % 592 hectares de vignes**

Australie et Nouvelle-Zélande

Dans les années 80, l'Australie a impressionné les consommateurs anglo-saxons avec des chardonnays extrêmement amples, extrêmement consistants qui avaient un goût de caramel. Mais les producteurs de vins très réactifs avaient très bien compris que ce style grossier n'offrait presque aucune perspective de développement à l'exception du puissant sémillon, très à part de la Hunter Valley. Le reste de la production est nettement plus équilibré et plus frais. Les régions les plus réputées pour ces vins sont Margaret River, Clare, McLaren, et Yara Valley. Après s'être débarrassée dans les années 80 du syndrome du müller-thurgau, la Nouvelle-Zélande a acquis une renommée internationale grâce à ses sauvignons herbacés et exotiques. Marlborough est considéré comme la meilleure appellation en la matière. Sur le plan quantitatif, en Nouvelle-Zélande aussi, le chardonnay domine aujourd'hui. Mais il existe également des blancs délicieux à base de gewürztraminer, de pinot gris et de riesling. Le climat frais et océanique offre même des vendanges tardives et des vins issus de raisins touchés par le Botrytis. On est bien parti pour connaître une renaissance du riesling.

Afrique du Sud

L'histoire viticole de l'Afrique du Sud a commencé avec le vin de Constance. Ce vin doux issu du muscat à petits grains a été lancé par le premier gouverneur de cette colonie hollandaise en personne. Vers 1695, le muscat de Simon van der Stels faisait partie des vins les plus prisés d'Europe. Jusqu'à aujourd'hui, les cinq domaines de Constantia occupent une place à part. Certes, ce muscat existe toujours, mais actuellement, la réputation du pays est basée sur le sauvignon. Très aromatique et brillant techniquement, il ne révèle malheureusement qu'une petite partie des qualités de ce terroir unique. Mais cela vaut pour presque tous les vins sud-africains. Le cépage le plus répandu est le chenin que l'on distille pour obtenir du brandy. En dehors des vins blancs de très grande qualité, le gros de la production séduit moins en raison de son caractère que grâce à des prix avantageux.

- Cépages blancs : 63 %
- Chenin : 24 %
  21 100 hectares de vign
- Colombard : 13 %
  11 072 hectares de vign
- Chardonnay : 6 %
  5990 hectares de vigne
- Sauvignon : 6 %
  5758 hectares de vigne
- Muscat d'Alexandrie : (Hanepoot blanc) : 3,8 %
  3600 hectares de vigne

1 Constantia, 2 Elginz Walker Bay,
3 Robertson, 4 Tulbagh, 5 Franschhoek

Température

de service

On a dans le monde entier la mauvaise habitude de servir les vins blancs beaucoup trop froids. Apparemment, dans l'esprit des restaurateurs et des serveurs pour une fois unanimes, « blanc » égale « Groenland ». Résultat : les bouteilles se retrouvent au réfrigérateur où même le plus grand bourgogne expérimente les sueurs froides. À peine réclamés à table, grands vins et vins ordinaires sont apportés avec empressement dans des seaux à glace, risquant ainsi de perdre encore des degrés précieux. Mais autant les arômes s'exhalent à la chaleur, autant sous l'effet du froid, ils ont tendance à ne pas s'exprimer. Alors prenez votre courage à deux mains et sortez un bon vin blanc de son sommeil de glace. Une remarque cependant : plus un blanc est neutre et insignifiant, plus on peut et on devrait le boire froid car après tout, il n'a rien à perdre et la fraîcheur ne lui sera que bénéfique. Une température d'environ 6 °C est appropriée. Les rieslings et les sauvignons fins mais intenses supportent le froid mais développent parfaitement leurs arômes entre 8 et 10, voire à 12 °C. Si des vins blancs sont vinifiés en barrique, ils possèdent en règle générale plus de corps mais aussi de tanins. Ils méritent d'être traités presque comme les vins rouges d'autant plus que le froid fait ressortir les substances tanniques. Ils révèlent leurs arômes complexes sous leur meilleur jour entre 12 et 15 °C selon leur âge. Pour les vins liquoreux, il est recommandé d'adapter la température à la situation. S'ils sont servis en apéritif, ils supportent bien les 8 °C car cela tempère leur côté sucré. S'ils arrivent sur la table au moment du hors-d'œuvre, ils tolèrent 2–3 °C de plus. Mais si on les propose pour accompagner un dessert, ils atteignent leur zénith aux alentours de 14 °C.

On insère les lamelles du tire-bouchon de chaque côté entre le bouchon et le goulot de la bouteille.

Tout en tenant fermement la bouteille, on enfonce les lamelles jusqu'à leur maximum.

À présent, toujours en tournant, on peut extraire assez facilement le bouchon sans l'abîmer.

Décantage

Décanter un vin blanc ? Voilà qui provoque un froncement de sourcil dédaigneux chez plus d'un serveur. En réalité, les jeunes vins blancs tout comme les jeunes vins rouges ont besoin de beaucoup d'air pour développer pleinement leurs arômes. Bien entendu, on décantera aussi peu un Pinot Grigio qu'un beaujolais primeur. Mais s'il s'agit d'un très grand graves, d'un pinot gris respectable, d'un excellent sauvignon ou d'un chablis ou d'un bourgogne Premier ou Grand Cru, alors, sans aucun doute, cela vaut la peine. Par ailleurs, ce petit cérémonial souligne le respect que l'on a pour le vin. Et puis, de toute façon, dans la plupart des cas ; les grands vins arrivent trop froids sur la table. Quand le vin s'aère, sa température augmente de un ou deux degrés qui créent souvent une différence étonnante lors de la dégustation. Les vins liquoreux assez vieux, en particulier, méritent d'être décantés pour révéler toute la complexité de leur bouquet. En effet, cela permettra aussi d'éliminer le petit dépôt qu'ils ont tendance à former à cause de leur richesse en sucres résiduels. E cet or liquide coulera alors avec un pureté merveilleuse dans les verres

1

Service de verres au
Cirque National de Chine

1 Pour les vins nouveaux
les plus simples et d'un caractère discret, ce verre alsacien a fait ses preuves à maintes reprises.

2 Le « Romain »
massif, lourd et obstiné, impose sa loi dans les auberges campagnardes et les tavernes allemandes.

3 Vins au bouquet intense
Ils supportent bien les verres évasés mais pas trop hauts afin que les arômes atteignent très vite le nez.

4 Vins doux
servis souvent en petite quantité, sont parfaitement mis en valeur dans ce verre en forme de tulipe qui, de plus, retient son bouquet.

QUEL VERRE POUR QUEL VIN

5 Vins musqués
révèlent toute leur saveur fruitée dans ce calice étroit sans paraître trop acides.

6 Vins vinifiés en barrique
Ils ont besoin de grands verres dont les bords hauts permettent à leur bouquet complexe de se déployer.

Pourquoi ne pas débuter un repas entre amis par un vin blanc pétillant que l'on servira en apéritif ? Il est stimulant, nettement plus léger que n'importe quel spiritueux et prépare doucement le palais aux vins que l'on va déguster par la suite. Par ailleurs, il s'accorde bien avec les amuse-bouches que l'on aura peut-être prévus pour commencer. Il n'est pas rare qu'ensuite les entrées soient copieuses et particulièrement aromatiques. Elles exigent donc des blancs vigoureux et francs. Elles démasquent les imprudents qui espéraient se mesurer à du saumon fumé, des terrines ou des pâtés avec des poids plumes. Ici, il convient de relever le défi et de servir des bouteilles à l'arôme prononcé, peut-être même moelleuses ou liquoreuses. En fonction des

Dramaturgie

plats qui se succèdent, on peut ensuite passer aux vins minéraux ou intensifs comme le sauvignon ou le riesling ou bien enchaîner avec des vins issus de barrique. Au moment du fromage, on démontrera avec plaisir que les blancs sont bien plus appropriés que les rouges, le chablis en tête. Et pour le dessert, on puisera tout simplement dans le monde merveilleux des vendanges tardives et des spécialités à base de raisins atteints par la pourriture noble qui permettront au festin de finir en apothéose.

En *entrée,* des moules avec un riesling sec vendanges tardives. En *plat principal,* du filet de veau servi avec une sauce à la crème et aux noix accompagné d'un sémillon australien. Du Chaource avec un Chablis Premier Cru. En *dessert,* une tarte aux pommes accompagnée d'un Trockenbeerenauslese autrichien.

en blanc

Bowle au melon et à la menthe

1 melon
1 bouquet de menthe fraîche
2 bouteilles de riesling
1 bouteille de mousseux

Couper le melon en deux, l'épépiner, le détailler en boules et le mettre dans un récipient sphérique. Remplir de riesling. Suspendre la menthe en réservant quelques feuilles et laisser infuser 1 heure au réfrigérateur. Éliminer ensuite le bouquet de menthe, remplir de mousseux et décorer avec les feuilles de menthe restantes.

Cocktails au vin blanc

Canard froid

1 citron non traité
1 bouteille de riesling
1 bouteille de mousseux sec

Découper l'écorce du citron en fine spirale et la suspendre dans une carafe en verre. Verser le riesling glacé et laisser infuser 15 minutes. Puis enlever l'écorce et verser dessus le mousseux glacé.

Punch au sauvignon

glaçons
0,1 l de Sauvignon
1 cl de Cointreau
1 c. à café de jus de citron vert
1 rondelle de citron vert

Mettre les glaçons dans un verre à punch et verser dedans le vin, la liqueur et le jus. Décorer avec la rondelle de citron vert.

Devinettes sur les

Pendant combien de temps des viticulteurs devraient-ils produire du vin pour pouvoir remplir la mer Méditerranée ?

169 112 ans. Car la mer Méditerranée a un volume de 4,38 millions de km³. La production de vin mondiale actuelle s'élève à 25,9 km³ à peine ou à 25,9 milliards de litres. Toutefois, nous n'avons pris en compte ni l'évaporation causée par les pays riverains, ni leur soif.

Combien de bouchons … tenir dans la pyramid…

Théoriquement, 14 milliards car la pyramide a un volume de 2,6 millions de mètres cubes. C'est à dire exactement deux cinquièmes de la production annuelle de vin si elle était mise en bouteilles de 0,75 l. En réalité, la pyramide est presque entièrement remplie de pierres.

En principe, 1 281 205 200 bouteilles car la lune est à une distance de 384 400 km de la terre. Mais en réalité, si l'on empile 2, 3 ou au maximum 4 bouteilles les unes sur les autres, le plus léger courant d'air suffit pour qu'elles s'écroulent.

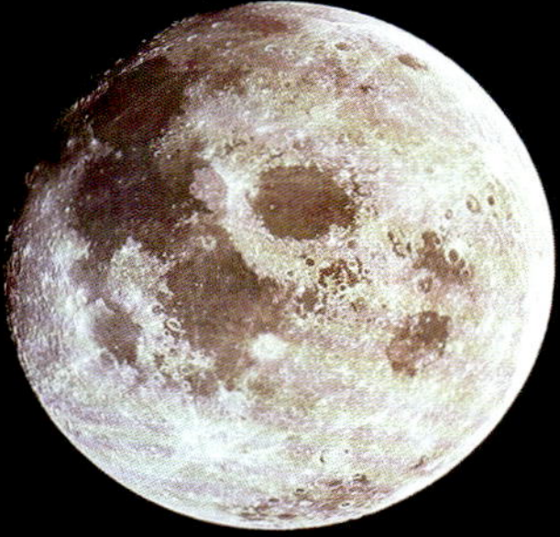

vins de ce monde

de vin pourraient
de Khéops ?

Pour atteindre la lune, combien de bouteilles de vin devrait-on empiler ?

Vin blanc, la bête noire des taches

Voilà la solution : on s'attaque aux taches de vin rouge avec du vin blanc. Imbibez la tache avec une bonne quantité de vin blanc. Puis rincez bien. Si vous êtes intéressé par d'autres méthodes, regardez donc dans notre livre sur le **vin rouge.** Saviez-vous que l'on conserve au quatre-quarts tout son moelleux si on l'enveloppe dans un torchon imbibé de vin ? Nous vous recommandons d'utiliser pour cela un jeune riesling ou un jeune gewürztraminer. Car ils transmettront en plus au gâteau une pointe d'arôme supplémentaire.

Le vin blanc sur le Net

France
www.vins-bordeaux.fr
www.vins-graves.com
www.tour-blanche.com
www.chateau-yquem.com
www.vinsdebourgogne.com
www.puligny-montrachet.com.fr
www.michellaroche.com
www.hugel.com
www.interloire.com

Allemagne
www.germanwine.de
www.deutscheweine.de
www.weinguide.de
www.ecovin.de
www.vdp.de
www.weingut-am-stein.de
www.castell.de
www.schloss-proschwitz.de

Autriche
www.austrian.wine.co.at
www.bruendlmayer.at
www.wieninger.at
www.feiler-artinger.at

Suisse
www.opage.ch
www.bielerseewein.ch

Hongrie
www.tokaji.hu

Italie
www.agriline.it
www.consorziogavi.com
www.scolca.it
www.hofstatter.com
www.colterenzio.com
www.planeta.it

Espagne
www.doriasbaixas.com
www.perelada.com

Portugal
www.vinhoverde.pt

États-Unis
www.winecountry.com
www.fetzer.com
www.robertmondavi.com

Chili et Argentine
www.winesofchile.com
www.argentinewines.com

Australie
www.wineaustralia.com.au
www.bve.com.au

Nouvelle-Zélande
www.nzwine.com
www.cloudybay.co.nz

Afrique du Sud
www.wosa.co.za

Crédits photographiques

La majorité des clichés sont de Armin Faber et de Thomas Pothmann, Düsseldorf.

À l'exception de :
p. 10 : Artothek, Weilheim – Photographie : Ursula Edelmann
p. 20 : agence de presse allemande (dpa) – archives photographiques
p. 21 : agence de presse allemande (dpa) – reportage photographique
Cartes 49, 51, 53, 55, 57, 59, 61, 62, 65 : Rolli Arts, Essen
pp. 78/ 79, milieu : Gabriele Boiselle, Speyer.

Citations

pp.26/27, citation tirée de : Ferdinand von Heuss (médecin major dans l'armée royale de Bavière, membre du premier régiment de l'armée de terre et propriétaire du domaine de Bodenheim sur le Rhin), Videant consules !, étude agronomique et médicale de l'époque consacrée aux viticulteurs et à la loi sur le vin, destinée au véritable viticulteur condamné au déclin par cette loi, au véritable commerce du vin et à la protection du consommateur, deuxième édition revue et augmentée, Würzburg, 1906 ; p. 20 et sqq.

L'auteur remercie Elmar M. Lorey pour son soutien amical.